Quatre histoires de sauvetages d'animaux

W9-CTJ-977

Texte de Ellen Levine

Texte français de Jocelyne Henri

Les éditions Scholastic

Mes sincères remerciements à Karen Campbell,
au docteur Dan Forman, à Jackie Gilmore, Tom Haraden,
Inger Koedt, Bert Raynes, Linda Reece, Janet Riley,
Karen et Marvin Terban et au docteur Tom Worlski.

ISBN 0-439-00404-7

Titre original: Saved! Animal Rescues — Great and Small

Édition publiée par Les éditions Scholastic, 175, Hillmount Road, Markham
(Ontario) Canada, L6C 1Z7.

4 3 2 1   Imprimé au Canada   8 9 / 9 0 1 2 3 4 / 0

Pour Eva Moore,
mon éditrice et mon amie,
et pour Fred Wells,
à qui je dois ma perception de la Terre
et mon attachement à tout
ce qui y pousse
et y vit.

Note au lecteur

Les histoires que vous allez lire sont basées sur des faits vécus. Les personnes sont réelles, les animaux qu'elles ont secourus sont réels et les événements se sont réellement déroulés tels qu'ils sont décrits.

Il arrive souvent que les journaux et la télévision fassent le récit de sauvetages spectaculaires, comme la libération d'une baleine prisonnière dans une baie ou échouée sur une plage sans raison apparente. Des équipes de scientifiques et d'experts se rendent en hâte sur les lieux et, grâce à leurs efforts concertés, à leur machinerie et à un peu de chance, l'animal peut être sauvé.

Les histoires racontées dans ce livre sont différentes. Aucune équipe de sauvetage n'a été rassemblée. Il n'y avait pas de caméras de télévision ni de journalistes sur les lieux. Les sauvetages ont été opérés par des gens ordinaires, dans le cours normal de leurs activités quotidiennes. Un naturaliste a guéri une des créatures les plus petites et les plus redoutées qui soient, une chauve-souris. Des gens ont repéré un orignal pris dans une clôture de fer barbelé et ont mis en péril leur propre sécurité pour le libérer. Une femme n'a pas voulu abandonner un chien agonisant, même si la situation était désespérée. Un vétérinaire de campagne s'est chargé de faire éclore des oeufs de dindon sauvage parce que la femelle couveuse avait été tuée accidentellement par un fermier du voisinage.

À l'exemple des personnes mentionnées dans ces récits, il peut nous arriver un jour à nous aussi d'avoir à secourir une autre créature vivante.

CRANDALL, LA CHAUVE-SOURIS

1

Dans la cabane en rondins

Le téléphone sonne dans la pièce sombre. Après quatre sonneries, le répondeur se met en marche. «Bonjour, Tom. Je suis présentement au Centre touristique du lac Jenny. Je viens de trouver une chauve-souris par terre. Je m'apprêtais à fermer pour la nuit, et je me demandais si tu voulais la garder. Je la laisse dans une boîte, dans le bureau. On se reparle demain.»

Plusieurs heures s'écoulent. À 10 h 45, Tom Haraden et sa femme, Jenny, remontent l'allée jusqu'à leur maison. En entrant, Tom prend ses messages téléphoniques. Les deux premiers ne sont pas urgents, mais le troisième attire son attention.

— C'est un message d'un des gardes du parc, explique-t-il à Jenny. Tu veux m'accompagner?

Ils sautent dans la voiture et traversent le parc national Grand Teton, au Wyoming. Tom est naturaliste pour la région sud du parc. Par les trouées entre les arbres, il aperçoit les crêtes noires et dentelées des montagnes dans le ciel éclairé par la lune.

Ils atteignent le Centre touristique au bout de vingt

minutes. À l'origine, la cabane en rondins servait d'atelier à un photographe et peintre nommé Harrison Crandall, qui s'était établi à Jackson Hole au début des années 1920.

Tom ouvre la porte du bureau et allume la lumière. La boîte en bois est sur une tablette, à côté du classeur. Tom glisse lentement le couvercle de côté. La petite chauve-souris de 5 cm à peine est tapie dans un coin.

— Je me demande si elle est blessée, dit-il à Jenny.

— Comment est-elle entrée? demande Jenny, en jetant un coup d'oeil dans la boîte.

— Ces vieilles cabanes de rondins sont des endroits idéals pour les chauves-souris, dit Tom. Nous en avons une colonie sous les combles. Viens, je vais te montrer.

Dans l'entrée, Tom pointe du doigt les rondins au-dessus de leurs têtes.

— Tu vois ces fissures? Elles entrent et sortent par là. Il faut ramasser plusieurs fois par jour les fientes qui tombent par terre, sinon le guano s'empile.

Sur le chemin du retour, Tom passe en revue en esprit les livres dans lesquels il pense pouvoir trouver des informations sur les chauves-souris. Il va lui falloir lire avant d'aller au lit.

Tom est presque certain qu'il s'agit d'une petite chauve-souris brune. Il y a environ 1 000 espèces différentes de chauves-souris dans le monde, et il doit y en avoir six qui vivent dans la vallée. Il sait que les deux plus communes sont les petites et les grandes chauves-souris brunes. Dans un de ses livres, il apprend que les petites chauves-souris brunes aiment manger des moustiques et que les grandes chauves-souris brunes préfèrent les coccinelles.

Tom lit pendant une heure.

— J'ai vraiment un problème, dit-il à Jenny. Je ne sais pas quoi faire. La politique du parc est d'éviter de secourir les animaux sauvages qui se blessent dans le cours normal de leur vie.

— Pourquoi? demande Jenny.

— Nous ne voulons pas perturber le cycle naturel de la nature. Si un animal se blesse, nous n'intervenons pas.

Tom et Jenny réfléchissent pendant un moment.

— Bien entendu, reprend Tom, s'il se blesse à l'intérieur du Centre touristique... on peut dire que c'est une situation anormale dans la vie d'une chauve-souris.

— Allons nous coucher, dit Jenny, en souriant. Tu trouveras bien une solution.

2

La décision

Dès qu'il se réveille, Tom se dit que la petite chauve-souris doit être affamée. Elle est dans sa boîte depuis la veille au soir. Et c'est précisément au coucher du soleil que les chauves-souris sortent pour se nourrir.

Tom se rend donc dans une animalerie de la ville.

— Une boîte de vers moyens, s'il vous plaît, demande-t-il au commis.

— Vous allez à la pêche? demande le commis.

— Pas exactement, répond Tom.

Il ne veut pas parler de la chauve-souris, car il ne sait pas encore ce qu'il fera. Dans l'immédiat, il la nourrira et l'hébergera. Ensuite, il prendra une décision.

Dès son retour à la maison, Tom sort des petites pinces de son sac à dos. Il prend délicatement un ver et le présente à la chauve-souris.

— Je pense que je vais t'appeler Crandall, dit doucement Tom à la petite créature, qui mange avidement. Après tout, on t'a trouvée dans le vieil atelier de Crandall.

Après lui avoir donné quatre ou cinq vers, Tom va dans le garage pour trouver des bouts de bois et autres bricoles. En se guidant sur les indications trouvées dans un de ses livres, il construit une cage de 60 cm de haut sur 45 cm de large sur 45 cm de profondeur, avec une porte dans le haut et une dans le bas.

— Je vais tapisser les côtés de tissu pour que tu puisses t'accrocher et te cacher dans les plis, dit Tom. Les baguettes de bois vont te permettre de grimper.

Tom suspend une petite ampoule pour chauffer la cage, puis il sort délicatement Crandall de la vieille boîte et la met dans sa nouvelle maison.

Crandall ne perd pas de temps. Elle s'accroche dans un pli du tissu et s'endort aussitôt.

Tom croit que Crandall est âgée d'un an environ. Les chauves-souris naissent l'été, et on a retrouvé Crandall au début de juin. D'après sa taille, elle a dû naître l'été dernier.

Durant les deux semaines qui suivent, Tom surveille Crandall de près. La petite chauve-souris ne fait aucune tentative pour voler. Elle se traîne, grimpe sur les baguettes ou s'accroche au tissu. Tom est convaincu que l'aile gauche est brisée.

L'aile d'une chauve-souris ressemble à une main dont les quatre longs doigts sont reliés par une fine membrane. Dans la partie supérieure, le pouce a l'aspect d'un petit crochet. Pour grimper, la chauve-souris se sert de son pouce et de ses pattes de derrière.

Chaque jour, Tom nourrit Crandall, tout en se

demandant ce qu'il doit faire. Il n'a pas touché à la chauve-souris avant d'avoir la certitude qu'elle n'était pas malade. Si on fait exception de son aile, elle semble en parfaite santé.

Tom se dit que si Crandall pouvait voler, il ne la retiendrait pas.

— Elle ne peut pas voler, dit-il à Jenny, ce soir-là, et si je la déposais dans l'herbe, elle ne tarderait pas à se faire manger par une belette ou une autre bête.

C'est à ce moment précis que Tom prend sa décision. Il a beaucoup appris sur les chauves-souris en observant Crandall. S'il arrive à guérir son aile, Tom se promet, avec le concours de Crandall, de faire connaître aux gens cet animal fascinant.

Tom a entendu parler d'un vétérinaire de la ville qui soigne les oiseaux. Comme les chauves-souris, les oiseaux sont des créatures petites et fragiles. Le vétérinaire saura peut-être comment traiter Crandall.

Quand Tom téléphone au docteur Dan Forman pour lui expliquer la situation, le vétérinaire propose d'opérer Crandall dès le lendemain. Dans l'intervalle, le docteur Forman contactera un de ses professeurs de l'école de médecine vétérinaire pour lui demander conseil.

Le lendemain matin, Tom arrive à la clinique avec Crandall.

— Où est-elle? demande Dan.

Tom ouvre sa main.

—Ahhh! Elle est vraiment petite, dit Dan. La broche

8

que j'ai prévue pour fixer l'aile est beaucoup trop grosse. Il va falloir penser à autre chose.

Tom explique à Dan la raison pour laquelle il a tardé à faire appel à un vétérinaire.

— J'avais peur qu'on me dise que ça ne valait pas la peine parce qu'elle pèse seulement sept grammes. Et ce n'est pas ce que je voulais entendre.

— Jamais tu n'entendras ces paroles dans ma bouche, lui dit Dan.

Dan veut savoir ce que Crandall fait dans sa cage.

— Elle bouge beaucoup, lui explique Tom. Je me mets à sa place, et j'ai beaucoup de respect pour elle quand je la vois marcher et grimper avec son aile cassée.

Avec délicatesse, Dan examine l'os brisé. Il donne un anesthésique à Crandall et, à l'aide d'instruments spéciaux, il coupe la peau et gratte l'os aux extrémités. Au lieu de la broche initiale, il se sert d'une très petite aiguille hypodermique pour joindre les os. Puis il coud la peau et met l'aile de Crandall dans le plâtre.

— Il ne nous reste plus qu'à attendre, dit-il, en enlevant ses gants. Nous ne pouvons rien faire d'autre que d'attendre.

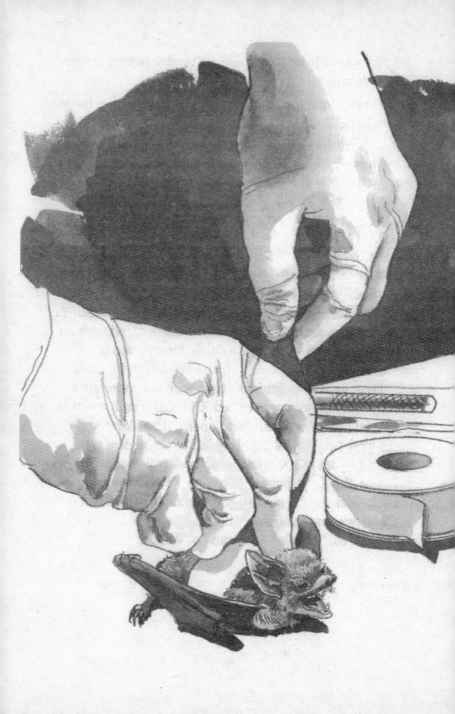

3

Le supplice de Crandall

Avant l'opération, Crandall a vécu deux semaines dans la maison de Tom. Deux semaines s'écoulent encore avant qu'ils retournent chez le vétérinaire.

— Il y a quelque chose qui ne va pas, dit Dan, un peu après leur arrivée.

La radiographie montre que l'aiguille a glissé et que l'os n'a pas guéri comme il se doit.

— Je vais devoir l'opérer de nouveau.

Après l'opération, Tom ramène Crandall à la maison. Quel supplice pour une aussi petite créature, se dit Tom.

Encore deux semaines s'écoulent, et le comportement de Crandall ne change pas.

— Elle fait comme si elle n'avait pas de plâtre, dit Tom à Jenny. Je vais la sortir de la cage afin qu'elle puisse faire de l'exercice.

Tom dépose délicatement Crandall sur le plancher du salon. La petite chauve-souris se traîne un peu partout. Dès qu'elle revient dans la cage, elle entreprend sa toilette.

11

— Les chauves-souris sont des animaux incroyablement propres, dit Tom. Crandall aime bien qu'on la prenne, à condition qu'elle puisse ensuite se débarrasser de l'odeur humaine.

Tom et Jenny observent Crandall pendant qu'elle fait sa toilette.

— Elle fait comme un chat qui se lèche la patte et s'en sert pour se laver la face! s'exclame Jenny.

Crandall est accrochée au tissu par une patte de derrière. Elle lèche l'autre patte et se lave tout le corps, sans oublier les oreilles.

— Oh! elle sépare son poil, le lave et le peigne. Je n'ai jamais rien vu de tel! s'écrie Jenny.

Tom se met à rire. Ce n'est pas nouveau pour lui.

— Dans une journée, Crandall passe plus d'heures à se laver que n'importe quel chat, dit-il.

Quand Crandall a fini sa toilette, elle grimpe un peu plus haut, s'accroche au tissu tête en bas et s'endort.

Deux semaines s'écoulent. Cette fois-ci, quand le docteur Forman examine Crandall, il déclare que l'opération a été un succès. L'os guérit normalement.

Chaque semaine, durant le mois qui suit, Tom et Crandall retournent voir le vétérinaire. À présent, tous les bandages ont été retirés.

Mais Crandall ne vole toujours pas. Dan a dû gratter l'os à tel point que l'aile de Crandall ne fait plus que les trois quarts de sa longueur originale. Ce n'est pas le seul problème. La membrane de l'aile a été affectée à cause de l'humidité à l'intérieur du plâtre. Même si Dan a bien séché et désinfecté l'aile, la membrane n'a pas guéri complètement.

— Nous savons que les humains ressentent la douleur, dit Tom à Dan, à leur dernière visite. Je ne crois pas que les animaux réagissent différemment.

— Crandall est vraiment extraordinaire, dit Dan. Parmi les centaines d'espèces d'animaux sauvages et domestiqués que j'ai vus, cette petite chauve-souris est une des plus solides. Elle a bien supporté l'anesthésie. Sa guérison est remarquable...

— Et elle se comporte comme si tout était normal, ajoute Tom. Mais jamais plus elle ne volera.

La routine s'est maintenant installée à la maison. Quand Tom rentre du travail, Crandall dort généralement.

— Bonjour, Crandall, c'est moi! dit Tom, à chaque fois.

La petite chauve-souris sort alors la tête d'entre les plis du tissu. Tom rentre la main dans la cage, et Crandall accourt dans sa paume. Elle frissonne jusqu'à ce que la température de son corps soit redevenue normale.

— La température de son corps chute quand elle dort, explique Tom à Jenny.

Tom tient Crandall dans le creux de ses mains pour la réchauffer.

À présent, Crandall mange tellement de vers que Tom doit les commander, mille à la fois, d'une compagnie de l'Ohio. Tom les entrepose dans le réfrigérateur. Les vers que mange Crandall ne sont pas des vers ordinaires. Tom leur donne des aliments spéciaux et des vitamines, pour qu'ils soient plus nourrissants.

Crandall a vite appris à manger dans un petit plat. Elle sort de sa cachette, mange quelques vers, boit un peu d'eau et fait une sieste. Le même scénario se répète toute la nuit, car le plat est toujours vide, le lendemain matin.

Un jour, Tom est occupé à compter la portion quotidienne de vers pour Crandall.

— Pourquoi tu ne lui laisses pas un tas de vers dans le plat pour qu'elle mange à sa guise? lui demande Jenny.

— Il faut faire attention, sinon elle va engraisser. En captivité, elle ne dépense pas autant d'énergie qu'en liberté. Il faut doser la quantité de nourriture qu'on lui donne.

À la fin de l'été, l'aile de Crandall est complètement guérie.

— Allez, au boulot, maintenant, lui dit Tom, un matin. Les vacances sont finies.

4

Au travail!

— Je vous présente Crandall, dit Tom aux élèves de troisième, quatrième et cinquième années, en tenant la chauve-souris dans la paume de sa main. Nous sommes ici pour vous faire connaître et apprécier les chauves-souris et pour répondre à vos questions.

Un garçon, assis au fond de la pièce, lève la main, le sourire en coin.

— Les chauves-souris sont malpropres, dit-il.

— Et elles s'accrochent à vos cheveux, ajoute un autre.

— Elles sont aveugles et sales, dit une troisième.

Tout en déposant Crandall dans sa boîte, Tom se dit qu'il a beaucoup de travail à faire avec eux.

— Bien des gens pensent comme vous, commence-t-il. Mais, en réalité, ces croyances sont des mythes.

Tom se demande quoi leur dire pour qu'ils comprennent bien.

— Savez-vous ce que veut dire le mot «fiction»? leur demande-t-il.

Les enfants hochent la tête.

— Vos croyances sont aussi des fictions, ou des demi-vérités, dit-il, en sortant de nouveau Crandall de sa boîte. Sa vue est très bonne en réalité. Quand les chauves-souris volent, elles se servent de leurs yeux et d'une technique qu'on appelle l'écholocation.

— Je sais ce que c'est, dit une fillette. C'est quand elles poussent un cri qui rebondit sur les obstacles. Et quand l'écho revient, la chauve-souris sait ce que c'est et à quelle distance ça se trouve.

— Tu as raison! dit Tom, en souriant. C'est pourquoi je peux vous assurer qu'avec leurs yeux et l'écholocation, les chauves-souris ne s'accrochent pas aux cheveux des gens.

Tom jette un coup d'oeil circulaire avant de continuer.

— Est-ce que vous vous lavez souvent les oreilles?

Les enfants ont d'abord l'air surpris, puis ils se mettent à rire.

— Hum... Qui est malpropre, d'après vous? J'admets que je n'étais pas différent à votre âge. Mais Crandall, quant à elle, se lave les oreilles et le corps plusieurs fois par jour!

Tom essaie de son mieux de leur en faire la démonstration.

Quand la discussion est terminée, tous les enfants s'approchent de la boîte de Crandall. Mais personne n'est autorisé à la toucher.

— Elle est trop petite et fragile, explique Tom.

Dix jours plus tard, Tom est sur le point de faire un exposé au Centre touristique. Il lui reste quinze minutes avant de prendre la parole et il en profite pour bavarder avec les gens. Jenny aussi est là, juste à côté de la boîte de Crandall.

— Oh, une chauve-souris, dit une femme, en jetant un coup d'oeil dans la boîte. Elle est répugnante!

Ses deux enfants font la grimace en regardant la petite créature.

— Dégoutant! dit l'un d'eux.

— Oh, non! dit Jenny, qui a vécu avec Crandall pendant des mois et qui a appris à l'aimer et à la respecter. C'est un petit animal merveilleux.

Elle leur explique qu'une chauve-souris peut manger jusqu'à cinq ou six cents moustiques dans une heure.

— Amenez-la chez nous, dit un des enfants. Nous avons des tonnes de moustiques!

Après son exposé et la période de questions, Tom retourne à la maison avec Jenny et Crandall.

— Je suis content qu'une personne ait abordé la rage, dit-il à Jenny. Les gens pensent que toutes les chauves-souris ont la maladie.

— C'est parce qu'ils ont peur des chauves-souris, dit Jenny.

— La rage n'affecte pas plus les chauves-souris que les autres animaux. Et il est rare qu'elles attaquent lorsqu'elles sont malades. Elles se cachent plutôt dans

18

un coin pour mourir.

Durant tout l'hiver et le printemps, Tom rencontre plusieurs groupes d'enfants et d'adultes intéressés par les chauves-souris. Crandall l'accompagne à chaque fois, et Tom laisse les gens l'approcher pour voir à quoi ressemble une chauve-souris. Un jour, un étudiant lui pose la question qu'il attendait depuis longtemps.

— Est-ce qu'elle est devenue un animal de compagnie?

— Oh, non, répond Tom, plutôt une chauve-souris ouvrière.

Dans sa boîte, Crandall est accrochée la tête en bas.

— Pour l'instant, elle est en pause, dit Tom, en souriant, tandis que les élèves observent la chauve-souris d'un regard fasciné.

20

UN ORIGNAL
EN LIBERTÉ

5

Par la fenêtre

Le réveille-matin marque huit heures. Jackie arrête la sonnerie. Son mari, Pat, fait entendre un grognement. Il n'est pas décidé à se lever.

Jackie entre d'un pas traînant dans le séjour. Sa mère, en visite pour un mois, est debout devant la fenêtre avec les jumelles. La vue est spectaculaire. Le soleil matinal illumine la chaîne de montagnes Teton. Sur les hauteurs, les feuilles des trembles commencent à se parer de leurs couleurs automnales.

— Il y a un orignal là-bas! lui dit sa mère.

Jackie sourit et hoche la tête. Sa mère et elle passent des heures à observer la faune. La fenêtre du séjour est un poste d'observation idéal. À cette période de l'année, il arrive qu'elles voient des femelles orignaux et leurs faons traverser la plaine pour aller grignoter l'écorce, les petites branches et les feuilles des arbres à l'orée de la forêt.

Jackie jette un coup d'oeil par la fenêtre.

— On dirait une grosse femelle, dit-elle, avant de se diriger vers la douche.

Jackie Gilmore enseigne l'écologie au collège des sciences de Teton. Depuis les quinze dernières années, elle observe et photographie la faune de la vallée. En s'habillant ce matin-là, elle se rend compte que quelque chose la tracasse à propos de l'orignal, mais elle n'arrive pas à mettre le doigt dessus.

En revenant vers la cuisine, elle s'arrête de nouveau devant la fenêtre. L'orignal est toujours au même endroit.

— Je vais préparer le petit déjeuner, dit Jackie à sa mère.

Juste au moment où la rôtie sort du grille-pain, elle découvre ce qui la tracassait.

— Où est le faon? murmure-t-elle.

— Que dis-tu, chérie? demande sa mère.

— Les faons naissent à la fin du printemps. Nous sommes en septembre, et à cette période de l'année, le faon devrait être avec sa mère, dit-elle. Et je n'ai pas vu le faon.

Sa mère revient vers la fenêtre et reprend les jumelles. Jackie saisit les siennes et la mère et la fille observent ensemble la plaine durant un moment.

—Allons manger, dit Jackie, d'un air intrigué.

Vingt minutes plus tard, Jackie reprend son poste devant la fenêtre.

— C'est bizarre, maman, dit-elle, doucement. La femelle est toujours à côté de la clôture en fil de fer barbelé, à l'endroit exact où elle était il y a vingt minutes.

La femelle est à environ 4 km de la maison. Avec leurs jumelles, Jackie et sa mère la distinguent parfaitement, surtout qu'elle ne bouge pas.

— Il doit sûrement y avoir un faon avec elle, insiste Jackie.

— Le vois-tu? demande sa mère.

— Il y a une petite ligne sombre juste à côté d'elle, répond Jackie, en plissant les yeux. Je suis presque certaine que le faon est coincé dans la clôture. C'est sûrement une patte que je vois.

La partie de la plaine qu'elles observent a déjà été un pâturage entouré d'une clôture en fil de fer barbelé. Chaque printemps, les propriétaires de ranch de la vallée resserrent les fils barbelés qui se sont relâchés durant l'hiver. Mais personne ne s'est occupé de cette clôture-là.

— Je ne sais pas quoi faire, dit Jackie. Je vais réveiller Pat. Si le faon est coincé, et je suis presque sûre qu'il l'est, il va mourir si on ne le libère pas.

Quand Jackie revient dans la pièce avec son mari, Pat s'approche de la fenêtre et observe la plaine et ses champs.

— Elle n'a pas bougé depuis au moins une demi-heure, lui explique Jackie.

Pat est aussi d'avis qu'ils doivent faire quelque chose.

— La seule question, dit-il, c'est quoi faire exactement.

— Et comment, ajoute Jackie.

6

Le plan

— C'est la femelle qui pose un problème, explique Jackie.

Tous les habitants de la vallée ont déjà entendu raconter que des femelles avaient pourchassé férocement des marcheurs parce qu'ils s'étaient approchés un peu trop d'un faon. Certains avaient même dû grimper aux arbres pour se protéger.

— C'est toujours délicat de s'approcher d'une femelle et de son faon, continue Jackie. Mais, dans ce cas-ci, ça pourrait être encore pire. Cette femelle est sûrement plus nerveuse qu'à l'ordinaire et beaucoup plus irritable.

Les pattes des orignaux sont fines mais puissantes. Quand ces créatures se cabrent prêtes à attaquer, le spectacle est impressionnant et terrifiant.

— Elle n'a pas encore bougé, dit la mère de Jackie, qui est toujours à son poste.

— C'est sûrement un faon de cette année, dit Jackie, en pensant tout haut, car le faon d'un an est chassé par la femelle juste avant qu'elle ne donne naissance à un autre faon. Je dirais que ce faon-ci a environ quatre mois. Il a dû essayer sans succès de sauter par-dessus la clôture.

Ils sont maintenant trois à regarder l'orignal en se demandant quoi faire. Ils décident finalement de se rendre en camionnette jusqu'au faon. La clôture est à quelques mètres seulement de la route. Pat coupera le fil de fer pour libérer le faon.

— Mais il ne faut pas oublier que nous devrons affronter une femelle féroce, dit Pat.

— Nous allons devoir y aller à trois, dit Jackie, en regardant sa mère.

— Je reste ici, lui répond sa mère, avec fermeté.

— D'accord, dit Jackie. Tu nous surveilleras, et si nous avons des ennuis, tu appelleras le 911.

Pat et Jackie pensent tout de même qu'il faut une troisième personne pour les accompagner.

— Je vais appeler Charlie, dit Jackie, en parlant de leur voisin le plus proche.

Peu de temps après, Charlie arrive, et ils discutent ensemble du plan de sauvetage. Avec un peu de chance, la femelle s'en ira quand elle verra la camionnette. Sinon, le travail de Charlie consistera à faire du bruit pour l'éloigner pendant que Pat coupera les fils de la clôture.

Si le faon panique et essaie de s'arracher au fil barbelé, il risque de se déchirer la patte. Et, ce qui est inquiétant, si le faon se débat et manifeste sa détresse, la femelle peut fondre sur eux. Il est décidé que Jackie apportera une couverture pour la jeter sur le faon afin de le calmer.

— Et si sa jambe était brisée? demande Jackie, en essayant de prévoir toutes les éventualités.

Personne ne dit rien. Ils savent qu'ils n'ont pas d'autre choix que de libérer le faon s'ils veulent qu'il survive, patte cassée ou pas.

— Bon. Nous avons la personne qui se chargera de distraire la femelle, celle qui coupera les fils de fer et celle qui s'occupera de la couverture, récapitule Jackie. Sans oublier celle qui alertera le 911, ajoute-t-elle, en regardant sa mère. Allons-y!

7

Enfin libre!

La camionnette avance lentement. La femelle la regarde s'approcher, mais elle ne bouge pas. Pat ralentit encore l'allure.

Le faon est couché par terre, une de ses pattes de derrière coincée dans le fil barbelé.

— La mère a sauté la clôture, mais le faon n'a pas pu y arriver, murmure Jackie.

— On dirait bien, approuve Pat. Les deux fils supérieurs enserrent la patte.

— Il n'est vraiment pas très grand, murmure Jackie, en regardant le faon. Je suppose qu'il s'est accroché dans le fil du haut et que sa patte a ensuite glissé entre le premier et le deuxième fil.

— Ensuite, il a dû essayer de sauter de nouveau, ajoute Pat, et les fils se sont tordus et resserrés sur sa patte.

— Mettons-nous au travail, dit Jackie, en prenant une profonde inspiration.

Charlie est le premier à sortir de la camionnette. Il

avance lentement en direction de la femelle, tout en agitant les bras. La femelle recule, traverse la route, se tourne vers lui et attend. Charlie reste à l'arrière de la camionnette pour surveiller la femelle, qui ne le quitte pas des yeux.

— Regardez-la, dit Jackie, émerveillée. Elle nous laisse nous approcher de son faon comme si elle savait qu'on ne lui veut aucun mal, murmure-t-elle à Pat.

Jackie saisit la couverture et sort de la camionnette. Le faon, Jackie, Charlie et la femelle sont en place et attendent. Pat prend les ciseaux, sort de la camionnette et marche rapidement jusqu'à la clôture. Le faon ne bouge toujours pas. Pat coupe le fil et libère la patte du faon. Il remarque que l'entaille dans la chair de l'animal est profonde.

Jackie, Pat et Charlie retournent en vitesse dans la camionnette. Ils ignorent si la patte est cassée, car le faon ne bouge pas.

— Peut-être qu'il en est incapable, dit Jackie.

Pat recule lentement la camionnette de quinze mètres, en laissant la voie libre à la mère. La femelle regarde la camionnette, traverse la route et saute par-dessus la clôture. Elle tourne autour du faon comme si elle voulait qu'il se lève. Dans la camionnette, personne ne bouge.

Tout à coup, le faon se relève péniblement. Il avance d'un pas en boitant.

— Regardez son pied! crie Jackie. Il est incliné vers l'arrière et non vers l'avant.

Le faon fait quelques pas en boitillant. La mère se tourne et s'éloigne lentement. Le faon essaie de la suivre en traînant son pied blessé. Jackie le surveille attentivement avec ses jumelles.

— À part le pied arrière droit, je pense qu'il va bien, dit-elle aux autres. Sa patte et sa hanche me semblent intactes.

Ils regardent la femelle s'éloigner. Le faon n'arrive pas à la suivre. La mère doit ralentir un peu l'allure pour que le faon puisse la rattraper.

La camionnette les suit lentement sur la route qui longe le pâturage. Les animaux traversent le champ et arrivent devant une autre clôture. La femelle s'apprête à sauter.

— Oh, non, ne fais pas ça! murmure Jackie. Il n'y arrivera pas, tu le sais bien.

La femelle bondit par-dessus la clôture. Le faon s'approche des fils. Jackie est incapable de regarder la scène. Elle ouvre les yeux seulement quand Pat saisit son bras.

— Il a réussi! s'exclame-t-elle. Il a réussi!

Elle ignore comment il s'y est pris, mais il est rendu de l'autre côté de la clôture avec sa mère.

La femelle et son faon se dirigent vers la forêt. Jackie, Pat et Charlie les surveillent jusqu'à ce qu'ils disparaissent.

— À présent, dit Jackie, avec un grand sourire, il a au moins une chance de s'en sortir!

Chaque jour, pendant la semaine qui suit, Jackie demande à ses amis s'ils ont aperçu une femelle et un faon qui boite. Personne ne les a vus. Plusieurs fois par jour, Jackie monte et descend la route, en inspectant la plaine et l'orée de la forêt avec ses jumelles. Un jour, elle repère une femelle avec, à ses côtés, une paire de petites oreilles pointues. C'est peut-être «sa» femelle et son faon.

— Bonne chance, petit, murmure-t-elle tout bas, en espérant que le vent emportera ses mots à l'autre bout de la plaine.

UN CHIEN
APPELÉ LADY

8

Visite au refuge

Janet Riley boit son premier café de la journée en lisant la rubrique sur le refuge des animaux, dans le journal Jackson Hole. Chaque semaine, la femme qui dirige le refuge des animaux annonce les nouvelles arrivées. Aujourd'hui, sept chiots se cherchent un foyer. Cette fois-ci, se dit Janet, je vais me retenir. Après tout, les chiots arrivent toujours à se trouver un foyer. Sans compter que notre famille est déjà bien assez grande avec les six chats, six chiens, maman, papa et moi.

Chaque matin, Janet prépare le déjeuner de ses parents qui sont à leur retraite. La vue de sa mère diminue et la mémoire de son père n'est plus ce qu'elle était. Après la vaisselle, Janet prépare une liste de tout ce qu'elle doit faire ce jour-là. La visite au refuge des animaux ne fait pas partie de sa liste.

Une semaine s'écoule. Dehors, plusieurs centimètres de neige recouvrent le sol. Janet met en marche la cassette de lecture d'un livre pour sa mère pendant que son père s'installe près du foyer pour lire le journal. Janet se rend ensuite en ville pour aller à la banque et à l'épicerie. Elle stationne son automobile juste en face du refuge des animaux. Elle décide d'entrer et va voir Karin, la gérante.

— Les chiots sont-ils tous partis? demande Janet.

— Pas encore, lui répond Karin, en souriant.

Karin aime bien les visites de Janet. Il semble toujours y avoir de la place dans le coeur de Janet pour les créatures abandonnées.

— Le mauvais temps ralentit les affaires, dit Karin. Comment se fait-il que tu ne sois pas venue avant?

— Je veux les voir, c'est tout, répond Janet. D'où viennent-ils?

— C'est vraiment une histoire saugrenue, dit Karin. Il y a environ dix jours, une femme est entrée avec une boîte de carton. Elle a dit qu'en sortant du magasin K-mart, elle a trouvé la boîte sur le siège arrière de sa voiture!

— Tu veux dire que quelqu'un les a laissés délibérément dans son auto? demande Janet, horrifiée.

Karin fait oui de la tête.

— Comme c'est affreux d'abandonner ainsi des animaux! s'exclame Janet.

Karin sort les chiots de leur cage pour les montrer à

Janet. Les chiots sont tout blancs avec des marques noires et brunes, comme les colleys. Chaque fois qu'elle vient au refuge, Janet s'intéresse surtout à l'animal timide qui semble n'intéresser personne. Aujourd'hui, avant qu'elle n'ait la chance d'examiner chaque chiot, un petit s'avance vers elle en se dandinant. Il s'assoit devant elle et met la patte sur sa jambe.

— Il ne voulait pas retourner jouer avec les autres, dira Janet à sa mère, à son retour à la maison. Il est resté près de moi, comme s'il voulait me dire «Je t'attendais. Où étais-tu?». Il a bien fallu que je le ramène à la maison.

9

Que se passe-t-il?

Dès les premiers instants, Janet appelle la petite chienne Lady. En quittant le refuge, elle arrête chez le vétérinaire.

— Je veux que tu aies un bon départ, dit-elle à Lady, en entrant dans la clinique du docteur Dan Forman. C'est ma petite dernière, ajoute-t-elle à l'attention de la réceptionniste. J'aimerais que le docteur Forman lui donne ses injections avant de l'emmener à la maison.

Dans l'auto, Janet installe Lady sur le siège du passager. Elle est un peu trop tranquille, se dit Janet, en démarrant. Lady a les yeux à moitié fermés. Janet touche son museau; il est chaud. C'est probablement l'émotion et la tension, se dit-elle. Elle transporte Lady dans la maison et la dépose sur le plancher du séjour.

— Maman, papa, et vous tous les amis, venez rencontrer Lady! dit Janet, en enlevant son manteau.

Janet se promène dans la maison pour dire bonjour à tous ses animaux qui se prélassent à leur endroit préféré.

Quand elle revient dans le séjour, Samantha et

Annie, les deux chattes calico, entrent tranquillement dans la pièce en reniflant l'air, sans toutefois s'approcher de Lady. Cookie, Susie et Honey, trois yorkshire-terriers, tournent autour de Lady et l'examinent. Janet leur apporte à tous des bols de nourriture. Puis elle entreprend la préparation du dîner.

Une demi-heure plus tard, Janet remarque que tous les chiens se sont éloignés de Lady. C'est alors qu'elle entend un bruit bizarre. Lady est accroupie devant le fauteuil du séjour, la bouche à demi ouverte, et elle gémit. T.C. et George, deux des chats, contournent le fauteuil et fixent Lady. Soudain, Lady se met à frissonner et à vomir. Janet accourt et la caresse doucement. Quand elle soulève Lady, elle se rend compte que la petite chienne a eu la diarrhée.

Janet installe Lady sur de vieilles couvertures et des journaux, puis elle appelle le docteur Forman.

— Les injections l'ont peut-être tendue, dit-il. Attendons de voir comment elle ira demain. Entre-temps, si son état empire, amenez-la-moi aussitôt.

Le lendemain matin, Lady frissonne toujours.

— Pauvre petite, dit Janet à sa mère. Je retourne immédiatement chez le vétérinaire. Elle ne va pas bien du tout.

Le trajet de dix minutes pour se rendre chez le vétérinaire semble interminable. Cette fois, c'est M.J., la femme de Dan, elle aussi vétérinaire, qui est là.

— Voyons ce qui ne va pas, dit M.J., en se dirigeant vers la salle d'examen.

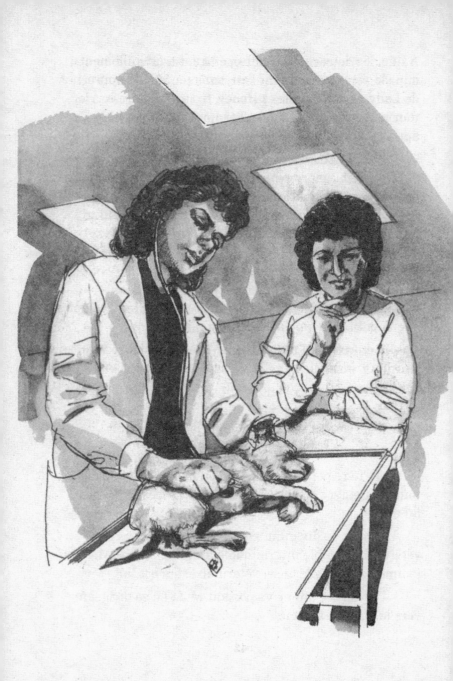

Lady frissonne pendant que M.J. lui tâte l'abdomen et presse son stéthoscope sur son flanc. M.J. écoute attentivement et fronce les sourcils. Puis elle gratte les oreilles de Lady, rase une patte de devant et lui fait une prise de sang.

— Nous allons faire des tests, dit-elle à Janet.

— De quoi s'agit-il, d'après vous? demande Janet.

— Je ne suis pas certaine. Attendons le résultat des tests. Je vais vous rappeler.

Janet ramène Lady à la maison. Pour l'une et l'autre, la soirée n'en finit plus.

— Tu vas peut-être te sentir mieux demain, dit Janet à Lady, même si elle ne le pense pas vraiment.

10

L'attente

Le lendemain matin, Janet distribue nourriture et caresses à ses chats et à ses chiens. Heureusement, pense-t-elle, aucun ne semble malade. Elle s'empresse ensuite d'aller chez le vétérinaire avec Lady.

— Laissez-la ici et revenez vers treize heures, dit M.J. Nous pourrons vous en dire plus à ce moment.

Habituellement, Janet n'a jamais assez de temps pour faire toutes ses courses lorsqu'elle vient en ville. Mais ce n'est pas le cas aujourd'hui. Elle se débarrasse rapidement de ses achats. Elle se rend à la buanderie et en ressort en un temps record. Elle va à la bibliothèque pour retourner des livres. Quand elle regarde sa montre, il n'est pourtant que onze heures.

Janet se promène dans les magasins pour se distraire. À 12 h 53, elle n'en peut plus.

Elle traverse la rue en courant et entre dans la clinique. Dan parle avec un client au comptoir. Il aperçoit Janet.

— J'aurai terminé dans un instant, lui dit-il.

Janet n'a pas longtemps à attendre.

— Nous pensons qu'il s'agit de la parvovirose. Elle est très malade.

Janet a un serrement de coeur. Elle sait que c'est une maladie de l'estomac et des intestins. Une maladie mortelle. Elle n'a jamais entendu dire qu'un chien avait survécu à la parvovirose.

— J'aimerais la tenir dans mes bras, dit Janet à Dan.

— Je suis désolé, répond Dan. Elle est en quarantaine. Nous ne pouvons vous laisser entrer.

— Mais pourquoi? s'écrie Janet. Elle est si petite. On ne devrait pas la laisser seule.

— La parvovirose est une maladie très contagieuse, explique-t-il. Je sais que vos autres animaux ont eu leurs injections, mais vous devrez me prévenir immédiatement si l'un d'entre eux manifeste des symptômes.

Janet acquiesce d'un signe de tête, mais elle continue d'insister.

— Au moins, laissez-moi la voir, supplie-t-elle.

C'est ainsi que commencent les veilles de Janet. Chaque jour de la semaine qui suit, de midi jusqu'à la fermeture de la clinique, elle se campe dans l'embrasure de la porte de la salle des contagieux et surveille Lady. De temps en temps, elle parle au chiot.

— Écoute-moi bien, chérie. Il faut absolument que tu guérisses. Après tout, tu fais partie de la famille.

Elle lui chante parfois des chansons ou lui raconte des histoires. Elle veut que Lady sache qu'elle n'est pas

45

seule.

Chaque soir, lorsqu'elle revient à la maison, Janet inspecte tous ses animaux. Ils ont tous l'air en santé. Elle lance distraitement un jouet pour amuser Tabitha et Charlie, elle gratte les oreilles d'Angel ou caresse un autre animal d'un air préoccupé. Aucun ne demande beaucoup d'attention. C'est comme s'ils savaient qu'il se passe quelque chose de sérieux.

Après le souper, Janet fait le ménage. C'est sa façon à elle de se tenir occupée. Chaque soir, elle époussette, balaie et lave le plancher, met de l'ordre dans les casseroles et coupe à la hache du petit bois d'allumage pour le foyer.

— Janet, lui dit sa mère un soir, je sais que c'est difficile, mais tu t'épuises inutilement. Assois-toi et prends une tasse de thé.

Janet serre sa mère dans ses bras, les yeux pleins d'eau.

11

Vêtements de protection

Il neige à plein ciel quand Janet se rend chez le vétérinaire, ce jour-là. Elle salue la réceptionniste en entrant dans la clinique. À présent, tout le monde connaît la routine. Chaque jour, à midi exactement, Janet arrive. Elle suspend son manteau et s'installe dans l'embrasure de la porte.

— Bonjour, chérie, dit Janet à Lady.

Un peu après son arrivée, Janet réalise que Lady ne cesse de s'affaiblir. Elle ne bouge plus du tout la tête. Et son regard est vitreux comme celui des animaux à l'agonie.

— Dan, M.J., je pense qu'il se passe quelque chose, s'écrie Janet. Son état empire.

Dan s'empresse d'enfiler des bottes, une blouse et des gants et s'avance vers Lady pour l'examiner.

— Je ne suis pas certain qu'on puisse faire autre chose, dit-il. Elle est de plus en plus faible, c'est vrai.

M.J. revêt la tenue spéciale et va rejoindre Dan.

Lady ne peut pas manger d'aliments solides. Les

médecins lui donnent une solution intraveineuse goutte à goutte pour qu'elle reprenne des forces. Il est évident que ça ne suffit pas.

— Je ne vois rien d'autre qu'une injection, dit Dan.

Appuyée contre la porte, Janet acquiesce d'un mouvement de la tête.

Après avoir donné l'injection à Lady, Dan et M.J. sortent de la pièce et enlèvent leurs vêtements protecteurs. Tout doit être jeté. Les vêtements ne peuvent pas être réutilisés, car la parvovirose est trop contagieuse.

Janet regarde Lady.

— Si je mets ces vêtements, dit-elle soudainement, les bottes, les gants, la blouse et tout, est-ce que je peux entrer? Il faut que je la tienne dans mes bras. Je ne peux pas la laisser mourir ainsi.

Dan et M.J. se regardent.

— Pourquoi pas? dit finalement M.J. Soyez toutefois très prudente.

Maintenant que Janet est dans la pièce, plus moyen de la faire sortir. Chaque jour, à la même heure, elle met les vêtements protecteurs et reste dans la pièce jusqu'à vingt heures, sans prendre de pause. De cette façon, il en coûte moins cher car elle n'utilise qu'une tenue par jour.

Le soir, à son retour à la maison, Janet ne touche pas ses animaux avant d'avoir pris un bain et changé de vêtements.

— Que fais-tu toute la journée? lui demande sa mère, un soir.

— Je dis à Lady que je l'aime et qu'il faut qu'elle s'en sorte, répond Janet.

— C'est peut-être sans espoir, lui dit doucement sa mère. Je ne sais pas combien de temps tu pourras continuer ainsi. Il faut parfois accepter d'avoir perdu la bataille.

— Aussi longtemps qu'elle vivra, dit Janet, aussi longtemps qu'elle fera sa part, je ne l'abandonnerai pas. Elle n'a que six ou sept semaines. C'est un bébé. Elle mérite qu'on lui donne une chance.

— Avec la parvovirose, dit Dan à Janet, le lendemain, il faut se laisser porter par la tempête. Cette maladie épuise complètement les forces de l'animal. Il ne peut plus lutter contre les autres infections, et c'est justement une infection qui finit par l'emporter.

Janet regarde le tube intraveineux.

— Elle vomit depuis deux semaines, dit-elle. Il n'y a rien d'étonnant à ce qu'elle n'ait plus de forces.

— Si nous ne réussissons pas à lui donner des aliments solides, dit le vétérinaire, nous allons la perdre.

Un soir, Janet raconte à sa mère ce qui s'est passé durant la journée.

— Je suis si contente, dit-elle, que j'en pleure. Je suis soulagée, je suppose. Aujourd'hui, ils l'ont nourrie par solution intraveineuse à toutes les deux heures et elle ne vomit plus.

Quelques jours plus tard...

— Tu ne croiras jamais tout ce qu'on lui donne à manger, dit-elle à sa mère. Tout y passe, du jus en passant par le lait.

Un des techniciens de la clinique a dit à Janet que l'eau de riz était excellente pour guérir les maux d'estomac. Il n'en faut pas plus pour qu'ils l'ajoutent à la diète de Lady.

Lady reste plusieurs jours à la diète liquide. Chaque jour, Janet lui offre de la nourriture sèche, et chaque fois Lady l'ignore. Puis un jour, en fin d'après-midi, quand Janet s'apprête à retirer le bol de nourriture sèche, Lady lève la tête et prend une bouchée.

— Elle mange! Elle mange! crie Janet, dans l'embrasure de la porte. Dan, M.J.! Elle mange!

Tout le monde accourt, même la réceptionniste, qui a entendu les cris. Lady continue de manger. Tout le monde se met à rire et à pleurer en même temps.

Quelques jours plus tard, Janet ramène Lady à la maison. Le chiot a encore le tube dans l'estomac. Dan et M.J. lui ont mis un grand collet autour du cou pour l'empêcher d'arracher le tube.

À la fin de la semaine, le vétérinaire retire le tube.

— C'est une petite chienne très résistante, dit Dan.

Elle s'est vraiment cramponnée. Et vous aussi!

À son retour à la maison, Lady n'a plus de tube et elle se sent bien.

Une semaine plus tard, l'odeur d'hôpital qui restait collée à son poil a disparu. Cookie et Susie tournent autour de Lady pour la flairer. Samantha va même jusqu'à se pelotonner contre elle.

Au printemps, Lady peut sortir dans la cour avec les autres animaux comme si rien ne s'était passé.

— Tu avais raison, lui dit sa mère. Je suis si contente que tu l'aies sauvée.

Janet sourit, et Lady court vers elle et lui frôle la jambe.

LES DINDONS SAUVAGES
DE TOM

12

Sur une vieille chemise de flanelle

Un tracteur arrive dans le stationnement de l'hôpital vétérinaire de Cambridge Valley. Le docteur Tom Wolski lève les yeux. Il n'attend pas de patients avant une demi-heure.

— Tom, c'est un des valets de ferme d'en face, dit Linda, son assistante. Il y a eu un accident.

Tom s'approche du comptoir. Debout à l'entrée, un jeune homme tient une grande boîte de carton. Il se met à bégayer aussitôt qu'il voit le vétérinaire.

— Je ... je ne l'ai pas vue, docteur. Je me sens vraiment mal... mal à l'aise... dit-il, nerveusement. Je faisais les foins dans le grand champ, et...

— Venez me montrer ce que vous avez là, l'interrompt Tom.

Il rentre dans la salle d'examen, suivi du jeune homme. Dans la boîte, il y a onze oeufs tachetés sur une vieille chemise de flanelle.

— Je ne voulais pas la tuer, docteur, se lamente le jeune homme.

— C'est presque impossible de repérer une femelle qui couve dans un champ, dit Tom.

— Comme je le disais, je faisais les foins et...

— Je sais, dit Tom. Avec un peu de chance, on devrait pouvoir faire éclore quelques-uns de ces oeufs. Je ne sais pas combien de temps il faudra, mais vous pouvez revenir pour voir où nous en sommes.

— Vous pouvez en être certain!

Après le départ du valet de ferme, Linda regarde la couvée d'oeufs et se tourne vers Tom.

— Et qu'allons-nous faire maintenant?

— Il va falloir jouer à la mère, dit Tom. J'ai un vieil incubateur quelque part. Il est peut-être dans le grenier. Je reviens tout de suite.

Quinze minutes plus tard, Tom revient avec l'incubateur.

— Il était sous une pile de vieilleries, dit-il, en enlevant des toiles d'araignée.

— Où l'as-tu déniché? demande Linda, en l'aidant à le nettoyer.

— Je l'ai fabriqué il y a plusieurs années à partir de plans que j'avais trouvés dans un journal éducatif. C'est le type d'incubateur qu'on utilise pour les cours de sciences. Je m'en suis servi pour faire éclore des oeufs de canard. Alors, pourquoi pas des oeufs de dindon?

L'incubateur est en bois et l'isolation et le couvercle sont en mousse. À l'intérieur, il y a une grille de métal pour éviter que les oeufs ne touchent le fond, un

thermomètre, une petite ampoule pour chauffer
l'incubateur et un ventilateur pour faire circuler l'air.

— Je pense que la température doit être de trente-
cinq degrés Celsius, dit-il, mais je vais m'en assurer.

Une fois que l'incubateur est nettoyé et assemblé,
Tom met un petit bol d'eau à l'intérieur.

— C'est pour garder un certain degré d'humidité,
explique-t-il à Linda. Il faut s'approcher le plus possible
d'un vrai nid.

Tom prend chaque oeuf délicatement et le marque
d'un «X» d'un côté et d'un «O» de l'autre.

— La femelle tourne ses oeufs chaque jour pendant
la période d'incubation, dit-il. Nous ferons comme elle.
Pour éviter les oublis, on les mettra du côté «X» le matin
et du côté «O» le soir.

Tom vaporise un fin jet d'eau à la surface des oeufs,
ferme le couvercle de l'incubateur, allume l'ampoule et
met en marche le ventilateur.

— Les jeunes dindons s'appellent des dindonneaux,
dit-il. Il ne nous reste plus qu'à attendre pour voir si
nous allons donner naissance à des dindonneaux.

13

L'éclosion

Chaque jour, quand Linda arrive à son travail, elle va trouver Tom.

— Encore rien, lui dit Tom, ce jour-là.

— Combien de temps doit durer l'incubation? demande-t-elle.

— Environ vingt-huit jours. Mais nous ne savons pas depuis combien de jours la femelle couvait.

En fait, Tom et Linda savent qu'il y a peu de chance qu'ils assistent à l'éclosion d'un oeuf.

— Je vais continuer de les tourner et de les vaporiser, dit Tom, avant d'aller rejoindre le premier patient dans la salle d'examen.

Trois semaines s'écoulent. Par une chaude matinée pluvieuse, Tom traverse la pelouse qui sépare sa maison de la clinique. Il prépare d'abord du café et s'apprête à tourner les oeufs dans l'incubateur, comme il le fait chaque jour.

— Bonjour! s'exclame-t-il, en soulevant le couvercle et en apercevant deux dindonneaux frissonnants.

Quand Linda arrive, un troisième dindonneau à plumes brunes essaie de sortir de la coquille à coups de bec. Tom et Linda observent la scène, fascinés. Le dindonneau réussit à percer la coquille avec le petit hameçon qu'il a sur le bec. Il ne lui faut pas longtemps pour se frayer un chemin vers la sortie.

— Cet hameçon est un outil extraordinaire! dit Tom. Une fois que le dindonneau est sorti de la coquille, l'hameçon disparaît. Sa seule et unique raison d'être est d'aider le dindonneau à naître.

Durant les huit heures qui suivent, il y a beaucoup d'activité dans l'incubateur. En fin d'après-midi, sept dindonneaux se dandinent en trébuchant sur les coquilles brisées.

— Quel dégât! s'écrie Linda.

— Ça ne fait que commencer, dit Tom, en riant. À partir de maintenant, ils ne feront rien d'autre que manger et faire des excréments toute la journée.

Quelques jours plus tard, Tom transporte les dindonneaux dans une cage, à l'arrière de la clinique.

— Ils savent manger et boire, et se débrouillent très bien seuls, explique Tom à un jeune garçon en visite ce jour-là. Ils sont en cage depuis presque deux semaines. Je vais les sortir afin qu'ils puissent voir le ciel. Tu veux m'aider?

Aussitôt qu'ils sont dans l'enclos, les dindonneaux commencent à picorer le sol à la recherche de nourriture.

Quand Tom rentre dans la clinique, Linda est au téléphone avec le valet de ferme qui a apporté les oeufs.

— Nous en avons sept vivants et en bonne santé, dit-elle. J'ai pensé que ça vous ferait plaisir de l'apprendre.

Elle raccroche et se tourne vers Tom.

— Il est très content, dit-elle. Il a dit qu'il essaierait de passer les voir.

— À présent, il faut les remettre en liberté dans la nature, dit Tom, quelques jours plus tard. Ce sont des dindons sauvages, pas des animaux de compagnie.

— Sont-ils prêts? demande Linda. Je veux dire, penses-tu qu'ils peuvent s'en sortir?

— Il y en aura qui survivront, d'autres pas, répond Tom. C'est la loi de la nature. Je veux qu'ils puissent tenter leur chance.

Tom sait bien qu'il va s'inquiéter de leur sort. Il y a des coyotes, des renards et même des lynx dans les collines. Sans parler des automobiles, qui sont tout aussi dangereuses que les prédateurs.

Linda et Tom sortent de la clinique. Tom ouvre la barrière de l'enclos. Quelques dindonneaux relèvent la tête et le regardent. Puis ils continuent de picorer. Tom laisse la barrière ouverte et revient dans la clinique.

En retournant chez lui en fin de journée, Tom entend des bruits derrière lui. Il tourne la tête et aperçoit les sept dindonneaux qui le suivent.

— Vous n'irez pas plus loin, dit-il, en ouvrant la porte

de la maison. Maman Tom vous souhaite à tous une bonne nuit!

14

Le langage des dindons

Le lendemain matin, les sept dindonneaux sont toujours devant la porte.

— Est-ce moi que vous attendez? demande Tom.

Tom décide de leur donner du grain même s'ils sont très bien capables de se nourrir de graines, de baies et d'insectes. Il leur donne aussi un bol d'eau fraîche.

— Vous irez boire au ruisseau quand le bol sera vide.

Tom finit par s'habituer à l'accueil quotidien que lui réservent les dindons. Quand il quitte la clinique pour aller dîner, ils sont là. Ils le suivent jusqu'à la maison et l'attendent à la porte, en jetant de temps en temps un coup d'oeil par la fenêtre.

— Ils se demandent ce qui se passe dans la maison, explique Tom à un ami en visite. Ils sont très curieux.

Chaque jour, les dindons suivent Tom quand il retourne à la clinique. Ils attendent qu'il soit entré avant de commencer leur quête de nourriture.

Un jour, en début d'après-midi, Tom est en train de

donner leurs injections annuelles à deux gros chats.

— Je ne vous ai pas vus depuis un an, leur dit-il, en caressant un des chats derrière les oreilles.

Quand Tom a terminé, la propriétaire remet les chats dans leur cage, règle la facture et sort de la clinique.

Une minute plus tard, Tom et Linda entendent claquer la porte.

— Tom, s'écrie la femme aux chats, c'est incroyable! Il y a sept gros dindons sur le toit de mon auto!

Tom éclate de rire.

— J'avais oublié que vous n'étiez pas venue depuis un an, dit-il. À présent, vous connaissez ma nouvelle équipe. Linda les appelle les dindons de Tom!

— Ils sont énormes. Un d'entre eux a atterri à mes côtés et il m'arrivait à la taille, dit-elle.

Quand l'automne arrive, les dindons ont atteint leur taille adulte et sont capables de voler. La nuit, ils se perchent sur le toit de la grange ou de la maison.

Un matin, Tom sort de chez lui et six dindons quittent leur perchoir et volent à sa rencontre. Même s'il a l'habitude de les voir tous les sept ensemble, il ne s'inquiète pas car les dindons aiment bien se promener partout. Quand il sort de la clinique à midi, six dindons trottent derrière lui. Après le dîner, six dindons le raccompagnent à la clinique.

Tom est en train de faire des tests quand le téléphone sonne.

— Dan, je... commence Linda.

— C'est à propos du dindon, n'est-ce pas? lui dit-il, en l'interrompant.

— Jim vient d'appeler. En retournant chez lui, il a vu un dindon mort sur la route.

Jim, le voisin de Tom, connaît bien les dindons.

Tom a toujours craint ce genre d'appel. Depuis que les dindons ont découvert la grande route, il leur arrive de remonter l'allée pour picorer le long de la route. Ce n'est qu'une question de temps, s'était-il dit, avant qu'un d'eux ne se fasse frapper. C'est ce qui s'était produit.

— Tu sais, dit-il à Linda, j'ai vu des animaux mourir, et j'ai même dû en tuer quelques-uns. C'est toujours aussi difficile, peu importe le nombre de fois que ça se produit.

Tom quitte la clinique plus tôt que d'habitude.

— Je serai à la maison s'il y a quelque chose de spécial, dit-il à Linda, en partant.

Plus tard dans l'après-midi, Tom est en train de boire une tasse de thé quand un ami lui rend visite.

— Linda m'a raconté ce qui s'est passé, dit son ami. Viens, je veux te montrer quelque chose.

Quand les deux amis sortent, il y a quelques dindons dans l'allée. D'autres sont sur la grille du barbecue et un dernier picore le sol.

L'ami de Tom s'éloigne un peu de la maison et s'étend dans l'herbe. Il lève la tête et fait claquer sa langue en gloussant. Les dindons lèvent la tête et s'approchent en lui répondant.

— Que dis-tu, pour l'amour du ciel? dit Tom, en riant.

— Peu importe, d'abord que le ton est amical.

— On dirait bien qu'ils le comprennent, dit Tom, impressionné par la performance de son ami. Si je ferme les yeux, je n'arrive pas à savoir que c'est toi!

15

L'appel de la nature

Nous sommes en novembre, et la saison de la chasse va bientôt commencer. Tom est bien décidé à protéger ses dindons contre les chasseurs.

— Je pense les mettre dans la cave de la grange, dit-il à Linda.

Tout de suite après le dîner, Tom se rend à la grange. Les dindons le suivent pas à pas ou le devancent à coups d'ailes. Il y en a même deux qui volent jusque sur le toit.

La cave mesure environ 6 m sur 4,5 m. Une section est déjà partiellement clôturée et Tom ferme le reste avec des lattes ajourées. La lumière et l'air arrivent encore à filtrer, mais les fentes sont trop petites pour qu'un dindon puisse passer. Puis il construit une porte avec moustiquaire et la fixe au montant.

La cave est maintenant prête à accueillir les dindons, mais Tom ignore comment il va s'y prendre pour les y faire descendre. Une idée lui vient en retournant à la clinique.

Le dernier client quitte la clinique en fin d'après-midi. À cette heure, les dindons sont généralement près de la porte et attendent la sortie de Tom. Au lieu de prendre la tête de la bande comme d'habitude, Tom se faufile par la porte de derrière et fait le tour de l'édifice. Les dindons sont toujours devant la porte.

Selon le plan convenu, Linda ouvre lentement la porte de la clinique et se tasse de côté. Au signal de Tom, ils se mettent à battre vivement l'air de leurs bras en poussant des cris. Les dindons effarouchés se bousculent pour entrer dans la clinique.

Tom entre à son tour et ferme la porte derrière lui. Dans la salle d'attente, les plumes volent de toutes parts et les gloussements retentissent. Tom et Linda conduisent les dindons jusqu'au chenil et les y enferment.

Ils reviennent dans la salle d'attente où règne un fouillis indescriptible. Les dindons ont piétiné une boîte de Kleenex, et des bouts de mouchoirs de papier volettent dans la pièce. Les crayons sont éparpillés sur le bureau et le récepteur du téléphone pend au bout de son fil.

— Quel gâchis! s'écrie Linda, en jetant un regard circulaire.

— C'est ce que tu avais dit lorsqu'ils sont nés, lui rappelle Tom, en riant.

Tom et Linda mettent de l'ordre dans le bureau. Quand ils ont terminé, Tom met les dindons dans une cage à chien et les transporte jusque dans la cave de la grange.

— Bienvenue dans votre nouvelle maison. Je vous

promets que votre séjour sera de courte durée, leur dit-il, en étendant du foin sur le sol. Vous pourrez sortir tout de suite après l'Action de grâces.

Tom met le loquet sur la porte et retourne chez lui.

Dorénavant, Tom doit nourrir les dindons. Chaque jour, durant presque trois semaines, il leur apporte du grain et d'autres aliments. Et il leur donne de l'eau fraîche.

Malgré les attentions de Tom, les dindons ne sont pas heureux dans leurs nouveaux quartiers. La cave est petite pour de si gros animaux. Les femelles mesurent environ quatre-vingt-dix centimètres et les mâles sont un peu plus grands. Tom est tout de même content de les savoir à l'abri quand il entend les coups de fusil.

Le lendemain de la clôture de la saison de la chasse, les dindons recouvrent leur liberté. En sortant de la grange, ils se dandinent en clignant des yeux comme des prisonniers qu'on vient de libérer. Ils battent des ailes et sautillent partout.

* * *

Quelques semaines plus tard, Tom revient à la clinique quand Linda court à sa rencontre.

— Vite! Il faut que tu voies ça! dit-elle.

Tom se hâte de suivre Linda. Au bout du champ, de l'autre côté de la route, un dindon sauvage pousse un cri et les dindons de Tom lui répondent à l'unisson. Ensuite, la troupe se met en marche et gravit une colline en appelant de plus belle. La femelle sauvage traverse la route et le champ. Elle rejoint les dindons en haut de la colline et ils poursuivent leur route ensemble.

— Ils retournent à la vie sauvage, et je suis bien content, dit Tom, même s'il sait qu'ils vont beaucoup lui manquer.

Table des matières